First Picture Dictionary
Animals
Kamus Bergambar Pertama
Haiwan

Pig
Babi

Butterfly
Rama-rama

Rabbit
Arnab

Fox
Musang

Illustrated by Anna Ivanir

www.kidkiddos.com
Copyright ©2025 by KidKiddos Books Ltd.
support@kidkiddos.com

All rights reserved. No part of this book may be reproduced in any form or by any electronic or mechanical means, including information storage and retrieval systems, without written permission from the publisher, except in the case of a reviewer, who may quote brief passages embodied in critical articles or in a review.
First edition, 2025

Library and Archives Canada Cataloguing in Publication
First Picture Dictionary - Animals (English Malay Bilingual edition)
ISBN: 978-1-83416-630-8 paperback
ISBN: 978-1-83416-631-5 hardcover
ISBN: 978-1-83416-629-2 eBook

Wild Animals
Haiwan Liar

Tiger
Harimau

Elephant
Gajah

Lion
Singa

Giraffe
Zirafah

✦ A giraffe is the tallest animal on land.
✦ *Zirafah ialah haiwan paling tinggi di darat.*

Monkey
Monyet

Wild Animals
Haiwan Liar

Hippopotamus
Badak Air

Panda
Panda

Fox
Musang

Rhino
Badak Sumbu

Deer
Rusa

Moose
Rusa Besar

Wolf
Serigala

✦ A moose is a great swimmer and can dive underwater to eat plants!

✦ *Rusa besar ialah perenang yang hebat dan boleh menyelam di bawah air untuk makan tumbuhan!*

Squirrel
Tupai

Koala
Koala

✦ A squirrel hides nuts for winter, but sometimes forgets where it put them!

✦ *Tupai menyimpan kacang untuk musim sejuk, tetapi kadang-kadang lupa tempat simpannya!*

Gorilla
Gorila

Pets
Haiwan Peliharaan

Canary
Burung Kenari

✦ *A frog can breathe through its skin as well as its lungs!*
✦ *Katak boleh bernafas melalui kulitnya selain daripada paru-parunya!*

Guinea Pig
Tikus Belanda

Frog
Katak

Hamster
Hamster

Goldfish
Ikan Emas

Dog
Anjing

✦ *Some parrots can copy words and even laugh like a human!*

✦ *Sesetengah burung kakak tua boleh meniru perkataan dan juga ketawa seperti manusia!*

Parrot
Burung Kakak Tua

Cat
Kucing

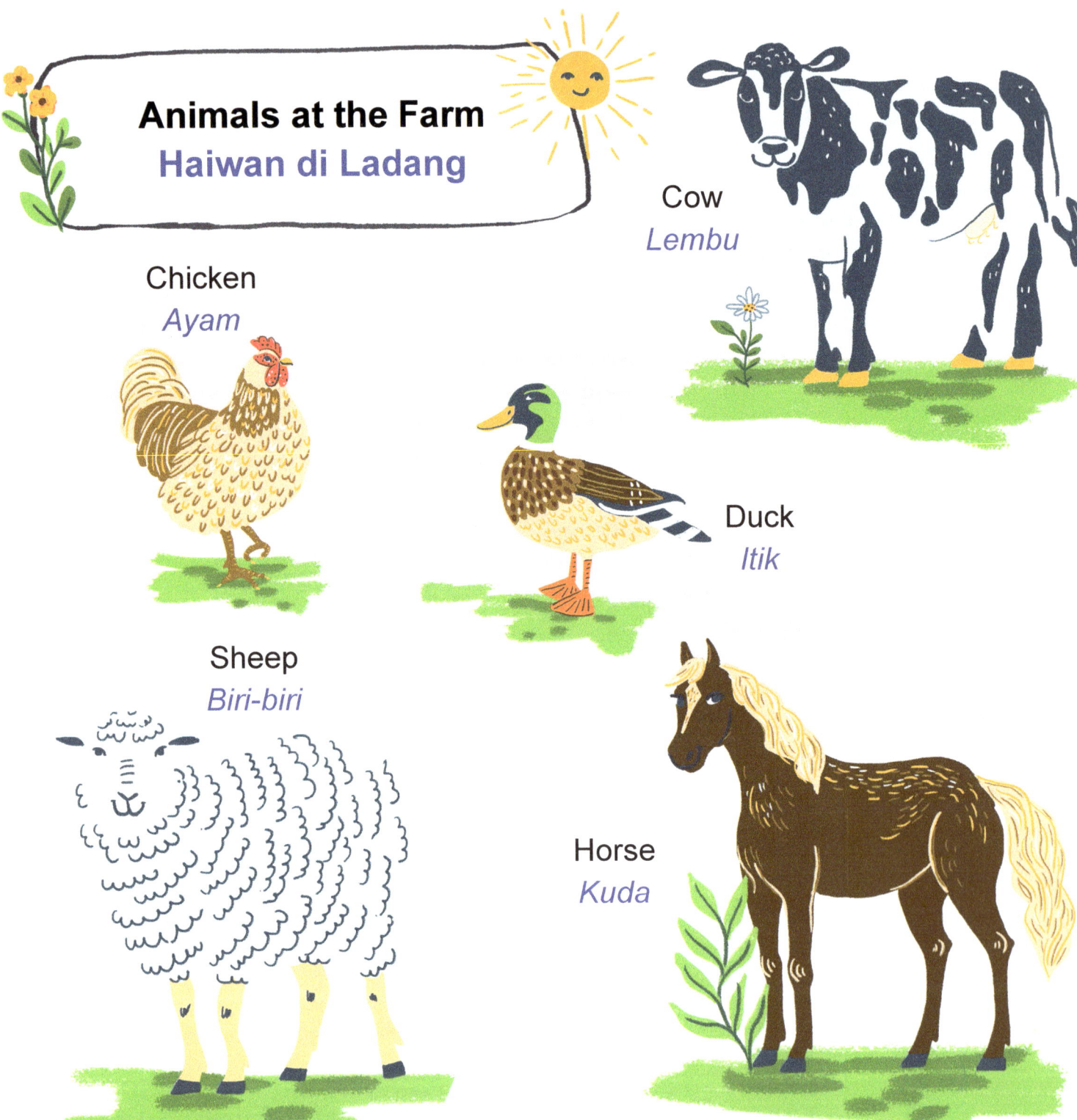

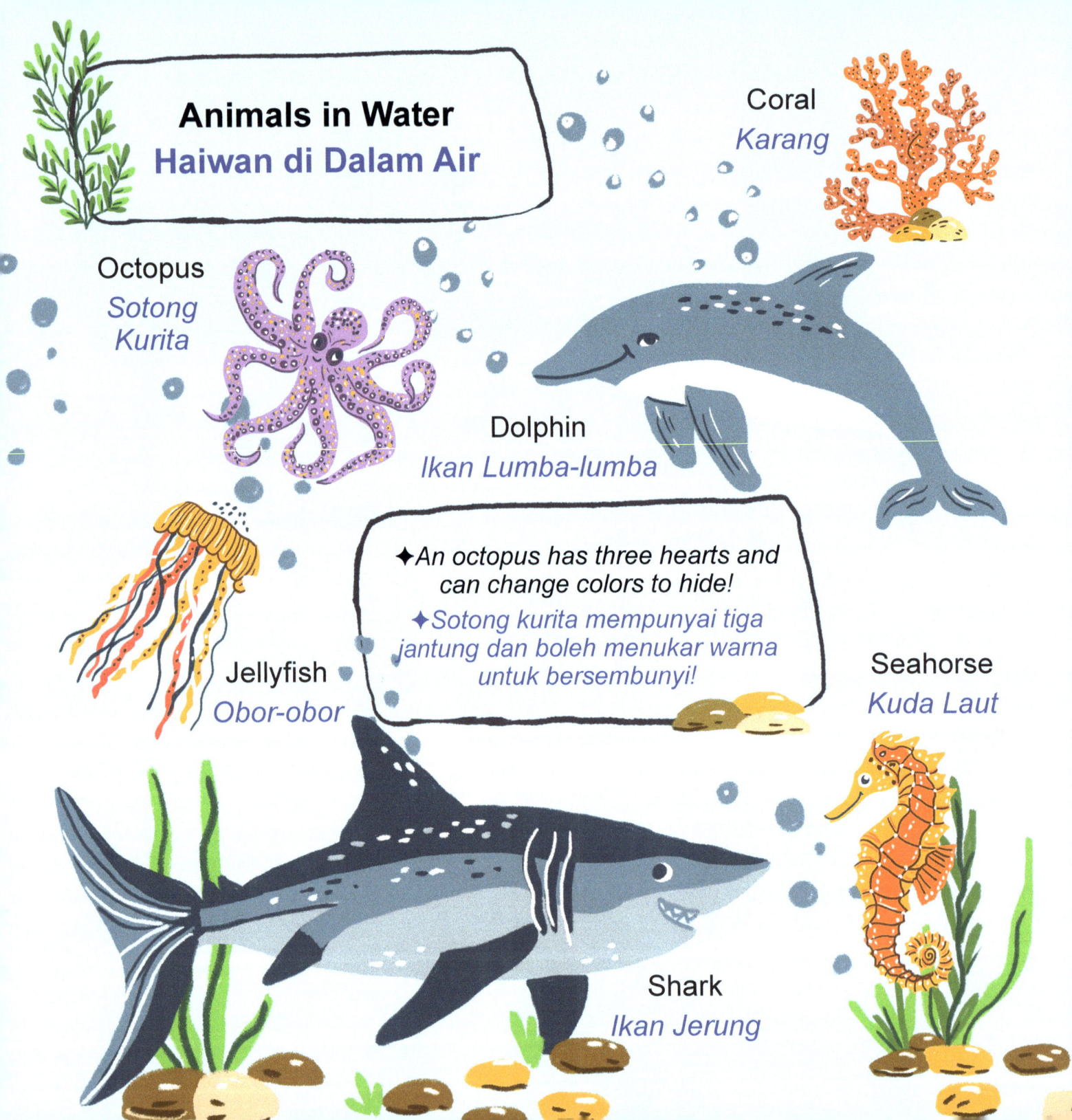

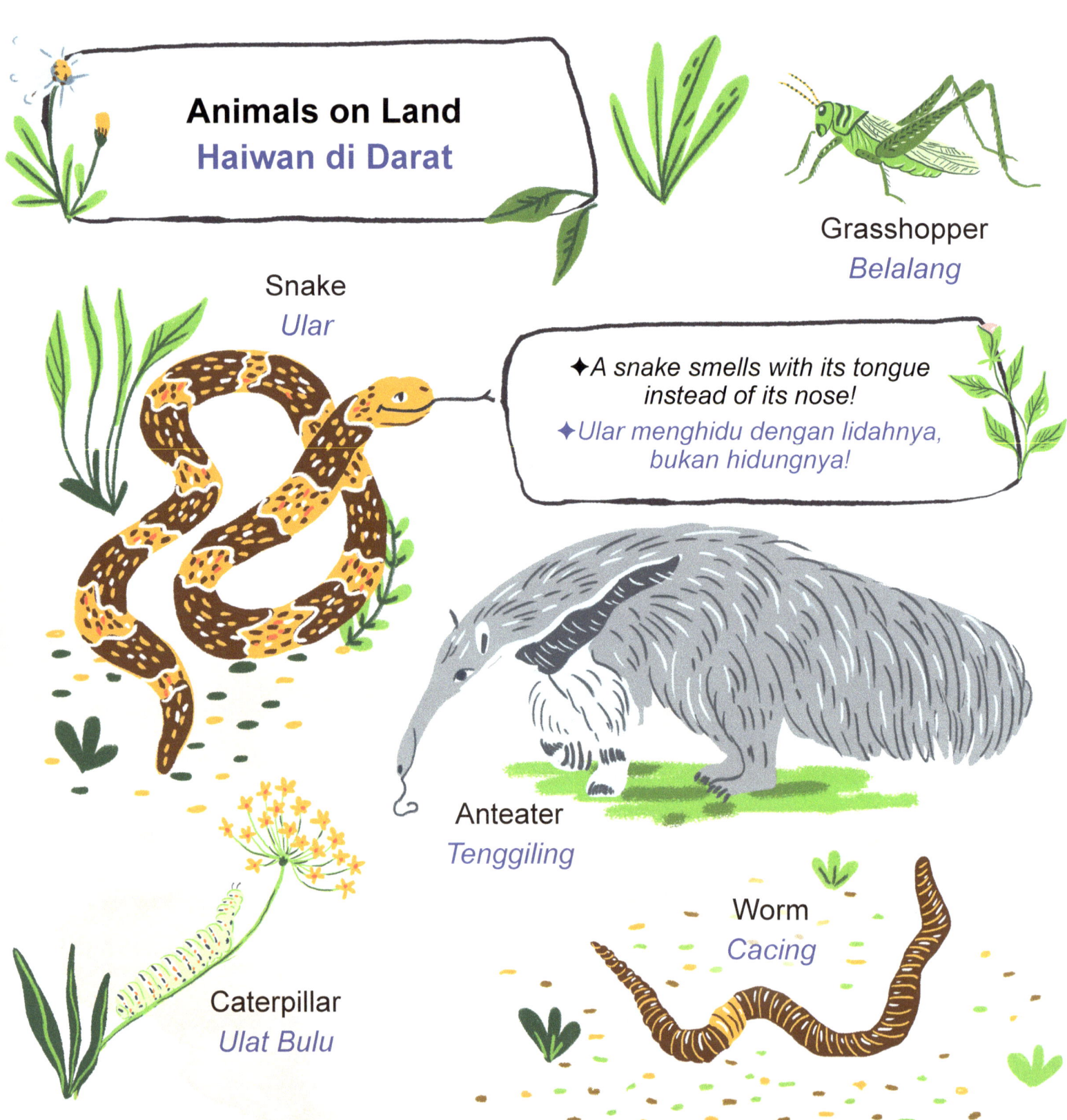

Badger
Bejar

Porcupine
Landak

Groundhog
Marmot

◆ *A lizard can grow a new tail if it loses one!*
◆ *Cicak boleh menumbuhkan ekor baharu jika ia kehilangan yang lama!*

Lizard
Cicak

Ant
Semut

Small Animals
Haiwan Kecil

Chameleon
Sesumpah

Spider
Labah-labah

✦ An ostrich is the biggest bird, but it cannot fly!
✦ *Burung unta ialah burung terbesar, tetapi ia tidak boleh terbang!*

Bee
Lebah

✦ A snail carries its home on its back and moves very slowly.
✦ *Siput membawa rumahnya di atas belakangnya dan bergerak dengan sangat perlahan.*

Snail
Siput

Mouse
Tikus

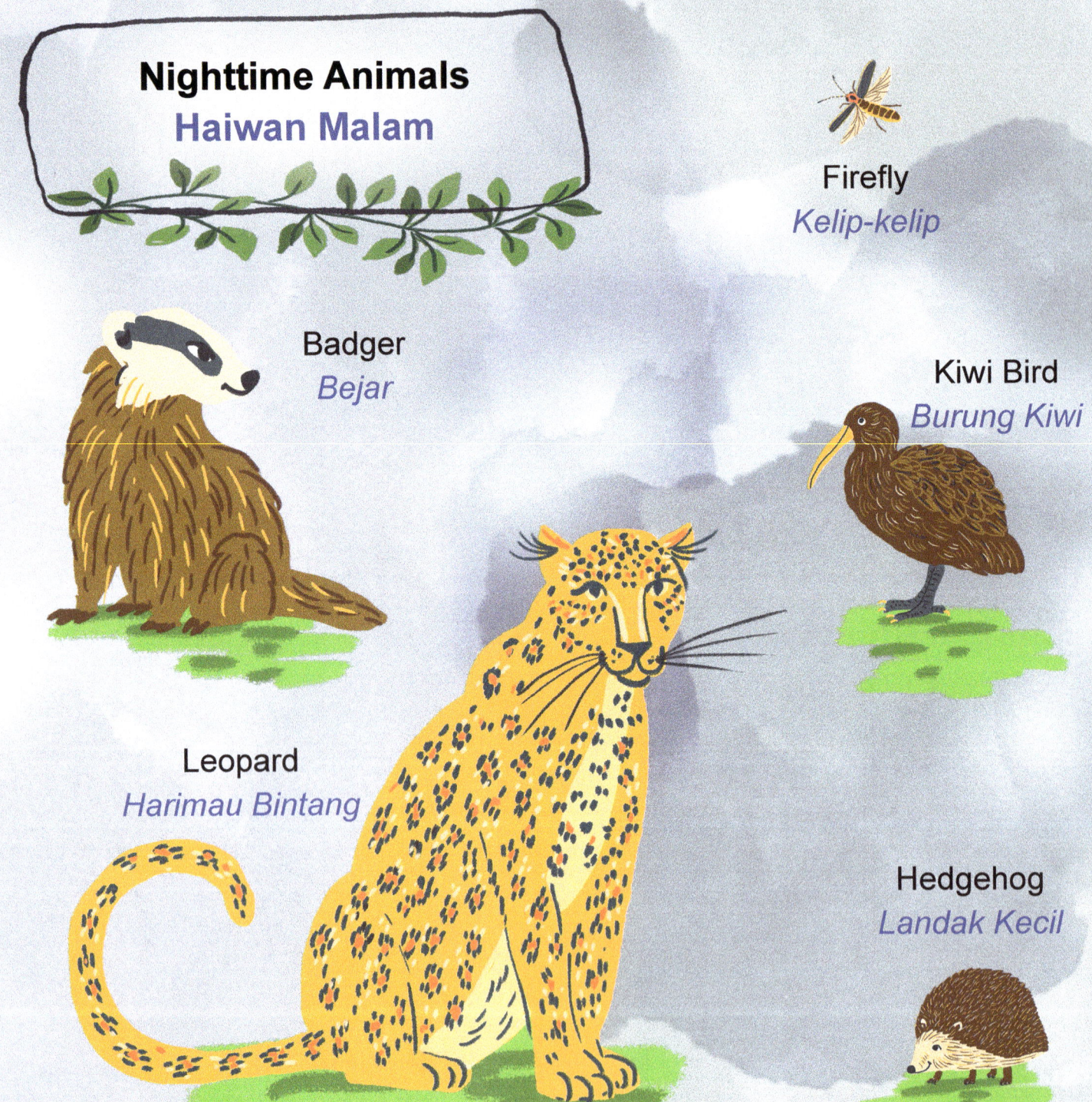

Owl
Burung Hantu

Bat
Kelawar

✦ An owl hunts at night and uses its hearing to find food!
✦ *Burung hantu berburu malam dengan pendengarannya mencari makanan!*

✦ A firefly glows at night to find other fireflies.
✦ *Kelip-kelip menyala pada waktu malam untuk mencari kelip-kelip lain.*

Raccoon
Rakun

Tarantula
Labah-labah Tarantula

Colorful Animals
Haiwan Berwarna-warni

A flamingo is pink
Burung flamingo berwarna merah jambu

An owl is brown
Burung hantu berwarna coklat

A swan is white
Angsa berwarna putih

An octopus is purple
Sotong kurita berwarna ungu

A frog is green
Katak berwarna hijau

✦ A frog is green, so it can hide among the leaves.
✦ *Katak berwarna hijau, jadi ia boleh bersembunyi di antara daun-daun.*

Animals and Their Babies
Haiwan dan Anak-anaknya

Cow and Calf
Lembu dan anak lembu

Cat and Kitten
Kucing dan anak kucing

Chicken and Chick
Ayam dan anak ayam

✦ *A chick talks to its mother even before it hatches.*

✦ *Anak ayam "bercakap" dengan ibunya sebelum menetas lagi.*

Dog and Puppy
Anjing dan anak anjing

Butterfly and Caterpillar
Rama-rama dan ulat bulu

Sheep and Lamb
Biri-biri dan anak biri-biri

Horse and Foal
Kuda dan anak kuda

Pig and Piglet
Babi dan anak babi

Goat and Kid
Kambing dan anak kambing

www.ingramcontent.com/pod-product-compliance
Lightning Source LLC
LaVergne TN
LVHW072057060526
838200LV00061B/4761